¿Qué hacen los científicos?

HOUGHTON MIFFLIN HARCOURT

ILLUSTRATION CREDIT: Susan Carlson

PHOTOGRAPHY CREDITS: COVER (bg) ©Jim Richardson/National Geographic/Getty Images; 3 (b) ©Ryan McVay/PhotoDisc/Getty Images; 4 (b) ©Kirill Kudryavtsev/AFP/Getty Images; 5 (t) ©Eliot J. Schechter/Getty Images; 6 (b) ©Peter Barritt/Alamy Images; 7 (b) ©Oleg Znamenskiy/Fotolia; 8 (b) ©North Wind Picture Archives/Alamy Images; 9 (t) ©Jim Richardson/National Geographic/Getty Images; 10 (t) ©Jochen Tack/Alamy Images; 11 (b) ©Fuse/Getty Images; 17 (b) ©Stockbyte/Getty Images; 19 (t) ©Science Source/Photo Researchers, Inc.

Printed in Mexico.

ISBN: 978-0-544-07852-9

4 5 6 7 8 9 10 0908 21 20 19 18 17 16 15 14

4500514508   A B C D E F G

¡Para ser un buen lector!

Mira estas palabras.

ciencia	experimento	preciso
investigación	variable	báscula
opinión	control	
evidencia	balanza	

Busca las respuestas a estas preguntas.

¿Qué es un científico?

¿Dónde trabajan los científicos?

¿Cómo investigan los científicos?

¿Qué sucede cuando los científicos observan?

¿Cómo usan modelos los científicos para aprender?

¿Cómo planean un experimento los científicos?

¿Cómo realizan un experimento los científicos?

¿Por qué los científicos presentan y comunican los resultados?

¿Qué tipos de instrumentos usan los científicos?

¿Cuáles son algunos instrumentos de medición?

¿Qué es un científico?

¿En qué piensas cuando oyes la palabra *científico*? Algunas personas se imaginan a un hombre o una mujer que mira a través de un microscopio en un laboratorio. Otros quizá se imaginen a alguien que observa animales en la selva. Y quizá otros se imaginen a alguien que estudia el espacio a través de la lente de un telescopio.

Todas estas ideas sobre los científicos son correctas. La ciencia es el estudio del mundo natural mediante la observación y la investigación. Puedes hallar científicos que estudian cosas en todas partes del mundo y en todo tipo de medio ambiente. Aunque estudian una amplia variedad de temas, todos los científicos siguen pasos similares para observar y explorar el mundo.

Los científicos estudian partes del mundo natural en una variedad de entornos.

¿Dónde trabajan los científicos?

Los científicos no trabajan solo en laboratorios. Muchos científicos trabajan en el campo. Eso significa que salen a la naturaleza para estudiar cosas como plantas, animales, rocas o fósiles. En el campo, los científicos pueden hacer muchas observaciones sobre cómo funcionan las cosas reales del mundo. Por ejemplo, los botánicos estudian las plantas. Es posible que los botánicos encuentren útil estudiar las plantas que hay en parques nacionales y reservas naturales. Pueden viajar a bosques y selvas naturales, y a pantanos y desiertos, para ver plantas en su estado natural.

Pero los botánicos también trabajan en laboratorios. Estudian las plantas con microscopios. Observan y comparan plantas de distintos medios ambientes. Reúnen datos, o información, sobre cómo esas plantas crecen y cambian en diferentes condiciones.

Los botánicos nos ayudan a conocer las plantas y las maneras en las que las plantas sobreviven en su medio ambiente.

Los meteorólogos pueden ver cuando se forman las tormentas y pueden predecir su fuerza y dirección.

Otros científicos trabajan tanto en el campo como en laboratorios. Un meteorólogo es un científico que estudia el estado del tiempo. Algunos meteorólogos salen para perseguir las tormentas y reunir datos sobre la temperatura, la presión atmosférica y las nubes.

Sin embargo, los meteorólogos también trabajan en laboratorios. Usan la tecnología para investigar las condiciones del estado del tiempo. Luego estudian los datos para predecir cómo cambiará el estado del tiempo.

Tanto en el campo como en el laboratorio, los científicos observan el mundo y reúnen datos. Hacen muchas preguntas sobre lo que observan. Luego planean y realizan investigaciones. Una investigación es un procedimiento realizado para observar, estudiar o examinar con cuidado una cosa para aprender más sobre ella.

¿Cómo investigan los científicos?

Los científicos investigan mediante observaciones repetidas. *Observar* es usar todos los sentidos, la vista, el oído, el olfato, el gusto y el tacto, para recopilar información. Una sola observación de lo que se investiga no es suficiente para recopilar toda la información que un científico necesita. Los científicos deben hacer observaciones repetidas.

Por ejemplo, para estudiar cómo viven las jirafas en estado salvaje, los científicos las observan en su ambiente natural. Es posible que se pregunten cómo se comunican entre ellas. Para recopilar la información, los científicos pueden observar el mismo grupo de jirafas durante un largo período. También podrían observar jirafas de distintas áreas geográficas. Las observaciones repetidas les permitirán aprender más sobre las jirafas y responder sus preguntas sobre cómo se comunican.

El estudio de la manera en la que la jirafa interactúa con su medio ambiente se debe hacer en el campo.

A partir de las observaciones repetidas, los científicos pueden hacer inferencias. Una inferencia es una conclusión o una idea que se basa en una observación. Por ejemplo, una científica podría observar que las jirafas viven en grandes manadas. Podría inferir que lo hacen para mantenerse a salvo. ¿Por qué? Ha notado que los depredadores casi siempre atacan a las jirafas que no están con la manada.

Imagina que esta científica piensa que las jirafas son hermosas. Esa es la ==opinión==, o creencia personal, de la científica. Una opinión no debe interferir con la investigación científica. Una investigación científica debe basarse en la ==evidencia==, es decir, la información que se ha reunido, como mediciones o registros visuales. No puede basarse en opiniones.

Las jirafas se desplazan en manadas que suelen ser grupos familiares.

¿Qué sucede cuando los científicos observan?

Los científicos están siempre reuniendo información nueva a partir de sus observaciones. Por ejemplo, en la antigüedad, algunas personas pensaban que la Tierra tenía la forma de un disco plano. Con el tiempo, los científicos hicieron más observaciones sobre el mundo natural. El filósofo griego Aristóteles argumentaba que la Tierra tenía que ser una esfera redonda. Se basaba en observaciones para respaldar su afirmación. Señalaba que se podía ver cómo un barco que estaba lejos desaparecía de la vista, pero desde una colina o una montaña, se podía volver a ver el barco a la distancia. Aristóteles usó esas observaciones para hacer una inferencia: el mundo no es plano. En realidad, es curvo. Con el tiempo, observaciones repetidas e investigaciones realizadas por otros científicos probaron que la Tierra es redonda.

¿Qué continentes se pueden ver en este mapa antiguo?

Aristóteles observaba el cielo solo con sus ojos. En la actualidad, los científicos usan potentes instrumentos para observar los planetas, las estrellas y otros objetos lejanos en el espacio.

Los datos que se pueden observar son ejemplos de evidencia empírica. La evidencia empírica puede proporcionar pruebas que apoyen ideas. A través de los siglos, los científicos observaron el cielo e hicieron mediciones y cálculos matemáticos. Proporcionaron suficiente evidencia empírica para probar de manera definitiva que la Tierra era redonda.

Los científicos no pueden ignorar la evidencia empírica, aun si demuestra que sus ideas son incorrectas. La nueva evidencia en una investigación científica puede hacer que los científicos cambien algunas de sus ideas. Es posible que tengan que hacer nuevas observaciones o desarrollar otras investigaciones. Gracias a los siglos de observaciones e investigaciones científicas, ya no tenemos que cuestionar hechos básicos como si la Tierra es redonda. Todos los científicos se basan en el conocimiento adquirido por los científicos anteriores que hicieron observaciones y realizaron investigaciones.

Para aprender sobre la ciencia, estudiamos modelos. Los modelos pueden mostrarnos las partes que forman un sistema o cómo se relacionan los objetos.

¿Cómo usan modelos los científicos para aprender?

¿Alguna vez has construido un modelo de algo, como un avión o una casa? Los científicos también construyen y usan modelos. Los modelos permiten que los científicos comprendan mejor cosas del mundo natural que son muy complejas o difíciles para observarlas directamente.

Los científicos usan muchas clases de modelos. Pueden construir un modelo tridimensional del interior de un volcán. Pueden hacer un diagrama que muestre cómo se relacionan las partes de un sistema, como los organismos de una red alimenticia. Un diagrama hace que sea más fácil ver y comprender las relaciones.

En la actualidad, los modelos computarizados muestran cómo pueden cambiar los procesos o los sucesos con el paso del tiempo. Con un modelo computarizado, los científicos pueden determinar si una tormenta tropical podría convertirse en un huracán y dónde podría tocar tierra firme.

Un modelo físico también permite a los científicos comprender cómo funciona algo. Por ejemplo, un modelo de un insecto puede ser mucho más grande que el insecto real para que los científicos puedan comprender mejor su estructura.

Un modelo puede ser como el objeto real en muchos aspectos. Se podría hacer un modelo de un dinosaurio del mismo tamaño que el animal real. También habrá muchas diferencias entre el modelo y el objeto real. Un modelo de un átomo será mucho más grande que un átomo real. Un modelo de un corazón será de plástico en lugar de músculo verdadero. Aun así, ese tipo de modelos son muy útiles para aprender cómo funcionan los objetos originales.

Un modelo simple como este muestra la estructura del corazón. Los científicos usan modelos aun más complejos para aprender cómo funciona el corazón.

¿Cómo planean un experimento los científicos?

Los científicos investigan el mundo mediante experimentos. En un ==experimento==, se usa una variable y un control para poner a prueba una hipótesis y responder una pregunta.

Hay ciertos pasos comunes a muchas investigaciones científicas. Imagina que estás realizando un experimento con imanes. Primero, haz una pregunta: "¿Cómo influye la temperatura de un imán en su potencia?". La pregunta debe ser algo que se pueda responder mediante la investigación.

Luego, formula una hipótesis. Una hipótesis es un enunciado que se puede poner a prueba y que explica un conjunto de datos. Una hipótesis no es necesariamente correcta. Tienes que poder ponerla a prueba para ver si los datos la respaldan. Tu hipótesis sobre los imanes podría ser "Un imán caliente será más potente que un imán frío".

Los científicos deben plantear una pregunta y una hipótesis que se pueda poner a prueba.

En un experimento, se cambia una sola variable, como la temperatura, por vez.

La parte siguiente de un experimento es planear cómo pondrás a prueba tu hipótesis. La variable es aquella cosa que se cambia. Se cambia una sola variable por vez. El experimento puede repetirse luego con una variable diferente.

En nuestro experimento, la temperatura de los imanes es la variable. Todo lo demás, por ejemplo, el tamaño y los tipos de imanes que se usan, queda igual.

En los experimentos, los científicos suelen usar un control para comparar. En un control, no se cambia ninguna variable. En el experimento con los imanes, un procedimiento debe hacerse con un imán a temperatura ambiente. Ese es el control. Compararás los imanes más calientes y más fríos con el control para ver si la temperatura realmente influye en la potencia de un imán.

¿Cómo realizan un experimento los científicos?

Reúne tus materiales y elementos de seguridad. Usa cuatro imanes idénticos. Coloca uno en el congelador y otro en el refrigerador. Mantén uno a temperatura ambiente y coloca otro en agua caliente. Pide ayuda a un adulto para usar el agua caliente. Usa pinzas o manoplas para agarrar objetos calientes para no quemarte las manos.

Coloca los imanes uno junto a otro, orientados en la misma dirección. Comprueba la temperatura de cada imán con un termómetro y anótala en un papel. Luego coloca un clip de metal a exactamente 15 centímetros (unas 6 pulgadas) de distancia de cada imán. Acerca cada clip a su imán exactamente 3 centímetros por vez. Anota la distancia a la que está cada clip del imán cuando el imán lo atrae por primera vez.

Sigue el mismo plan cada vez que hagas el experimento. Así te aseguras de obtener resultados similares cada vez.

Es importante anotar correctamente los datos de un experimento. Luego analizarás los datos.

Ahora observa los datos. El imán que está a temperatura ambiente atrajo al clip primero. El clip estaba a 8 centímetros (unas 3 pulgadas) de distancia cuando lo atrajo el imán. Tus resultados muestran que la temperatura *sí* influye en la potencia de un imán. Sin embargo, tus resultados no respaldan exactamente tu hipótesis. Eso está bien. Recopilaste evidencia para explicar qué sucedió. Todos los imanes se volvieron más débiles cuando cambió su temperatura. El imán más débil fue el que se calentó.

Es una buena idea repetir tu experimento para asegurarte de que vuelves a obtener resultados similares. Eso hace que tus datos sean más confiables. Todos los científicos repiten sus experimentos para ver si obtienen resultados similares cada vez.

¿Por qué los científicos presentan y comunican los resultados?

La siguiente parte de un experimento es comunicar los resultados. Es importante comunicar los resultados a otros científicos para que puedan aprender de lo que has descubierto. Es posible que decidan poner a prueba tus resultados con sus propios experimentos.

Las tablas y las gráficas se usan para mostrar los resultados de un experimento. Te permiten ver la información representada visualmente. Las tablas pueden mostrar datos numéricos o datos en palabras. Las gráficas lineales se usan para mostrar cambios a lo largo del tiempo, como el crecimiento de una planta. Las gráficas circulares son útiles para comparar las partes de un entero, por ejemplo, el número de personas que hay en tu clase comparado con el número total de personas que hay en la escuela. Las gráficas de barras se usan para comparar cosas o grupos de datos.

	Control 21.1 °C (70 °F)	Congelador −17.7 °C (0 °F)	Refrigerador 1.6 °C (35 °F)	Calentado 37.7 °C (100 °F)
Centímetros hasta el imán que atrajo al clip	8	3	5	1

Para asegurar resultados precisos, mide y anota la distancia exacta entre el clip y el imán.

¿Cómo podría un científico usar el razonamiento crítico y sacar una conclusión sobre el experimento con los imanes? Hemos visto que los imanes no funcionan tan bien si no están a temperatura ambiente. A partir de tus resultados, puedes inferir que los imanes no deben almacenarse en un lugar donde se puedan calentar. Tampoco deben almacenarse en lugares muy fríos.

El experimento también revela información importante acerca del uso de los imanes. Los imanes a menudo se usan en maquinarias y en establecimientos industriales. El experimento con los imanes demuestra que es importante tener en cuenta los efectos de la temperatura de los imanes que se usan en las maquinarias.

Los imanes se vuelven más débiles cuando están expuestos a altas temperaturas. Es importante tener en cuenta esto en establecimientos industriales donde se usan imanes potentes.

¿Qué tipos de instrumentos usan los científicos?

Los científicos usan muchos instrumentos para reunir datos. En el campo, usan redes y frascos para muestras para recolectar seres vivos.

Algunos instrumentos se usan para observar. Una lupa le permite a un científico ver detalles de cerca en una roca o una planta. Una cámara puede registrar algo que no se puede recolectar, como un árbol o un animal grande. Una cámara de vídeo puede grabar sucesos, como un incendio forestal.

Otros instrumentos se usan para medir. Los calibradores, las reglas métricas y las cintas de medir indican la longitud de los objetos. Los relojes y los cronómetros miden el tiempo. Los termómetros miden la temperatura.

Los científicos también usan equipos de seguridad, como guantes para manipular objetos. Usan lentes para proteger sus ojos.

Usa instrumentos y equipos de seguridad cuando observes la naturaleza en el campo y en el laboratorio.

Un microscopio electrónico de barrido puede ampliar la imagen de un objeto miles de veces.

Los científicos que trabajan en el laboratorio usan instrumentos diferentes de los que usan los científicos que trabajan en el campo. Con un microscopio óptico, los científicos pueden ver cosas que son muy pequeñas como para verlas a simple vista, como los detalles de una hoja. Un microscopio electrónico de barrido puede mostrar incluso cosas extremadamente pequeñas, como las estructuras diminutas que están dentro de las células vivas de un organismo.

Un gotero permite mover líquido de un recipiente a otro. Una pipeta se puede usar para medir cantidades muy pequeñas de líquido.

Para elegir qué instrumentos usarán, los científicos primero deciden qué quieren hacer o investigar. Luego eligen el instrumento que será más útil para recolectar la información que necesitan.

La medición en una balanza de platillos solo será precisa si ambos lados de la balanza están equilibrados y el brazo está en posición horizontal.

¿Cuáles son algunos instrumentos de medición?

Existen muchas maneras de medir objetos. Una manera es medir la masa, o la cantidad de materia que hay en un objeto. Una balanza se usa para medir la masa. Hay varios tipos de balanzas. Una balanza de tres brazos tiene tres brazos que permiten obtener una indicación precisa de la masa de un objeto. Para usar una balanza de platillos, colocas un objeto en uno de los dos platillos. Luego colocas pequeñas pesas de un gramo en el otro platillo hasta que ambos lados queden equilibrados. El total de las pesas de un gramo indica la masa del objeto que se está midiendo. Usar una balanza es un método muy preciso, o exacto, para medir la materia.

Una balanza electrónica proporciona una indicación digital de la masa de un objeto. No importa qué tipo de balanza uses, la unidad para medir la masa se llama gramo (g).

Los científicos también miden la fuerza en un objeto. La cantidad de fuerza necesaria para mover un objeto se mide con una **báscula**. Se sujeta el extremo de la báscula al objeto que se quiere medir. Luego se levanta la báscula en el aire o se la aleja a lo largo de una superficie. El resorte de la báscula se extiende hasta un punto de la báscula. La unidad para medir la fuerza se llama newton (N).

Los científicos pueden usar varios instrumentos para explorar el mundo natural. Esos instrumentos pueden ser útiles en las investigaciones. A medida que los científicos hacen observaciones, construyen modelos y realizan experimentos controlados, obtienen nuevos conocimientos que pueden llevar a nuevas investigaciones y nuevos descubrimientos acerca de la ciencia.

Los objetos con mayor masa extenderán más los resortes de la báscula que un objeto más liviano.

Pregunta e investiga

Halla algo en el mundo natural que te rodea sobre lo que puedas realizar un experimento, como una planta, un insecto o una roca. Observa el objeto o el organismo y haz una pregunta que se pueda responder mediante un experimento. Formula una hipótesis para responder tu pregunta, luego planea un experimento. Pide la autorización de tu maestro para realizar tu experimento. Saca una conclusión sobre tus resultados.

Presenta tus resultados

Usa los resultados del experimento que realizaste. Haz una tabla o una gráfica de barras para presentar los datos. Escribe un párrafo para explicar si tus resultados respaldan tu hipótesis. Si tus resultados no respaldan tu hipótesis, explica por qué piensas que obtuviste esos resultados.

balanza Un instrumento que se usa para medir la cantidad de materia de un objeto, que es la masa del objeto.

báscula Un instrumento que se usa para medir la fuerza.

ciencia El estudio del mundo natural mediante la observación y la investigación.

control El procedimiento experimental en el cual no se cambian variables y con el que se comparan todos los demás procedimientos de un experimento.

evidencia Información que se obtiene durante una investigación científica.

experimento Una investigación en la que todas las condiciones se controlan para poner a prueba una hipótesis.

investigación Un procedimiento realizado para observar, estudiar o examinar con cuidado una cosa para aprender más sobre ella.

opinión Una creencia o un juicio que se basa en lo que la persona piensa o siente pero que no necesariamente se basa en evidencia.

preciso En las mediciones, muy cercano al tamaño o valor real.

variable Cualquier condición que puede modificarse en un experimento.

Poop On The Potato Farm

by Kelly Lee Culbreth

Illustrated by Danh Tran

Paperback: Printed by Kindle Direct Publishing (KDP)
Hardback: Printed by Ingram Content Group, LLC

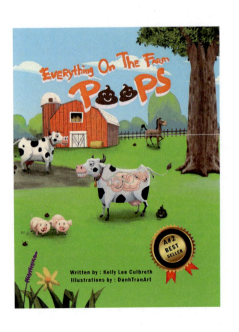

Kelly's first book, "Everything On The Farm Poops," is a lighthearted introduction to the smelly world of farm poop and its important ecological purpose! Without poop, the garden and crops won't grow! Inspired by her family in Illinois, Kelly's first story is full of animals, poop jokes, farm stories, and educational humor.

Although Kelly lives in a city, just outside of Nashville, Tennessee, she loves to visit her family's farm in Illinois. So when her niece married a potato farmer and moved to Idaho, she couldn't wait to visit! On her Idaho trip, Kelly quickly learns that not all farms look the same. What is the biggest difference? The Idaho farm has no smelly dung!

Without any cowpies, how do they grow those 'taters so big?

Packed with farming facts and funny illustrations, this story will show you why cow manure is crucial to supplying America's essential foods.

"No one in our family ever imagined that Kelly would be drawn to writing children's books. Although she was not raised on a farm, her ability to capture farm stories for children is fascinating! Hold on for another amazing, stinky ride!"
– Kelly's Proud Mother

Most American farms are family owned and operated. As I watch my family grow, I have come to realize that farming isn't just a career. It is a lifestyle and a passion that spans generations.

I want to thank my niece Breann and her beautiful family in Idaho for allowing me to feature them in this book. Our many visits over the years gave me plenty of inspiration for this story. And true to real life, my book ends with a big family dinner, game night, and live music. After all, a trip to the farm isn't complete without some quality family time!

Don't just be a Dreamer… be a Doer!
– Kelly Lee Culbreth

Hi! My name is Kelly, I have a story to tell,
about something yucky and stinky as well.

Willow

Aunt
Kelly

Dad
Philip

Mom
Breann

Newborn
Maverick

When I visit family in Idaho,
it looks different than other farms I know.
I guess not all farms look the same...
with a red barn, animals, and fields of grain.

Hunter   **Jade**   **Jackson**   **Bay**   **Brynn**

In Idaho, I see wheel lines in the fields, no animals in pens,
and cellars to store tractors and potatoes in.
There are majestic mountains, and it isn't quite as warm.
And then I think, "HEY! Where's the poop on this potato farm?"

The Illinois farm has LOTS of animals around,
that leave stinky piles all over the ground.

When I visit, I walk with such care.
Goo and manure can be found everywhere!
I thought ALL farms were covered in poo.
But today I learned that just isn't true!

In Idaho, I haven't seen a big poo pile yet.
Just little ones left by the family pet.

No cows, no horses, no red barn in view.
I guess it makes sense not to find any poo!
But without that brown goo, I need to know,
"What do your crops eat so they can grow?"

Farmer Philip replies,
"Oh, we still use cow poop to keep our plants green!
Manure provides nutrients that cannot be seen.
It is spread on the ground in early fall,
so next spring the crops will grow healthy and tall!"

"But without your own animals," I ask, "what's your source?
Because I don't see so much as a horse."
"Well," answers Philip, "up the road to the dairy farm is where we go,
to buy organic manure from a real poop pro!"

"What?! Who knew there was such a thing as poop sales!"
I ask, "How does Philip know all these details?"
The kids point to their Dad, they laugh, and they say,
"Because that's his job! He spreads poop all day!"

"You buy poop and then spread it? Oh, I must learn more!

Philip, take me to see this so-called 'Poop Store.'

Show me how dairy farms harvest brown gold.
I promise to listen as the story unfolds."

Off to Doody's Dairy Farm we go for a tour,
where Hunter points down to a pile of manure.

"Since all this cow poop is food for the ground,
crop farmers will pay for it by the pound.
Thank goodness, there is a use for all that brown poo.
Otherwise, dairy farmers would be buried in bovine doo-doo!"

"Cows poop 15 times a day!" little Jackson shares.
"That's a lot of manure, so Farmer Doody has to prepare."

"Because just ONE cow — and I want to be clear —

poops 65 pounds a DAY.

That's 12 TONS A YEAR!"

"That is correct!" Farmer Doody says proudly.
"There's enough 'plant food' here to supply the whole county.
Sure, milking cows is what I REALLY do,
but I still have to deal with all of this poo!"

"Piles of cow droppings are gross and not funny.

But good poo has value that I turn into money.

DAILY DAIRY FARM CHORES		POOP MANAGEMENT PLAN
MORNING:	**EVENING:**	1. Gather Cow Manure Daily
1. Feed Cows	1. Feed Cows	2. Turn Manure into Compost
2. Milk Cows	2. Milk Cows	3. Sell Compost to Crop Farmers
3. Gather Poop	3. Gather Poop	
REPEAT EVERY DAY!		*REPEAT ALL YEAR!*

When my business first began,
I came up with a Poop Management Plan."

Farmer Doody points to his fields.
"Every day we push cow poop outside into piles,
where it must sit and bake in the sun for awhile.

3 months old

"We use a turner to flip it three times,
to make compost rich in healthy enzymes."

Philip continues, "Farmer Doody is who I always call,
when it's time to order a 'potato food' haul.
Then he will deliver a semi truck load,
to be dumped in my field right next to the road."

"Now I can feed all my acres of land,
using big machines and an extra farmhand."

Philip drives the tractor that pulls the poop spreader.
No other machine can do the job better!

It evenly shoots compost onto each row,
so next year a crop of potatoes will grow.

But always be careful because lots can go wrong,
and you don't want to be covered in stinky cow dung!

It has been a long day, our hunger is real.
We sit down to eat a fabulous meal,
including potatoes from this year's crop,
with butter from the dairy farm melted on top.

Bay is too distracted by Willow to eat,
and then comes a rumble from a little one's seat.
The look on newborn Maverick gives it away,
that a fresh, dirty diaper is well underway.

After dinner we gather for fun family time,
with activities to entertain this big group of nine.
There are board games, card games, and games that are new.
Even toddler Brynn wants to play with us too!

Then Jade says from the piano, with joy in her eyes,
"To end our fun evening, we have a surprise!
We practiced all week to learn a new song,
that Mom will sing while we all play along."

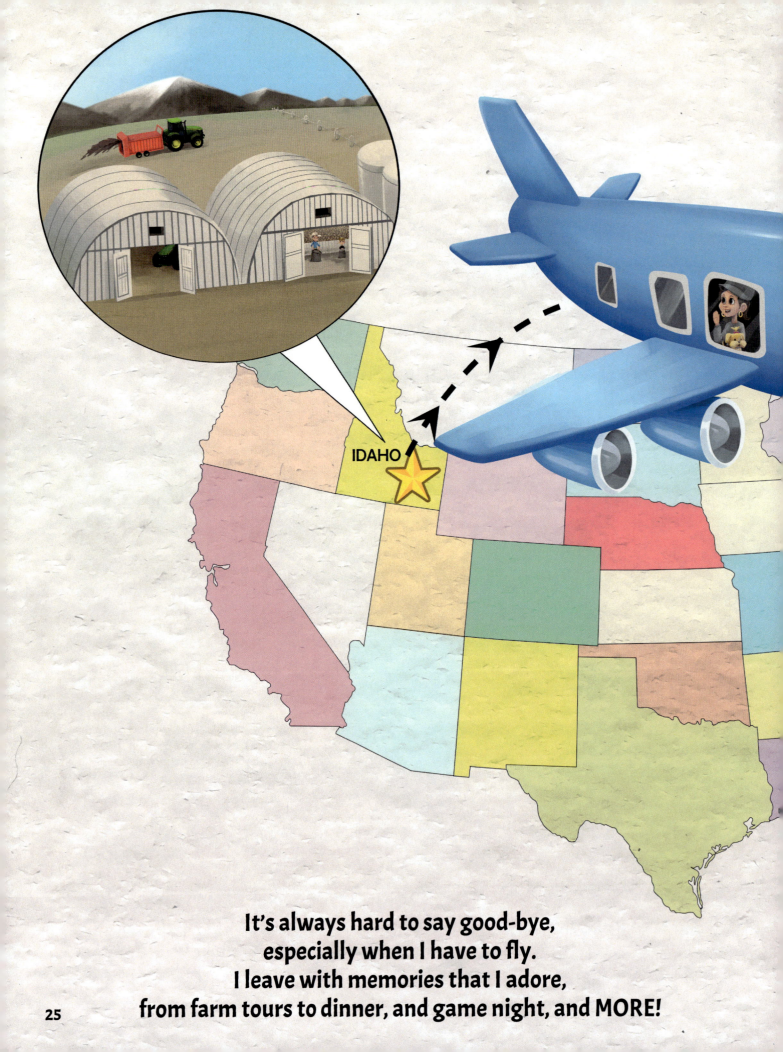

It's always hard to say good-bye,
especially when I have to fly.
I leave with memories that I adore,
from farm tours to dinner, and game night, and MORE!

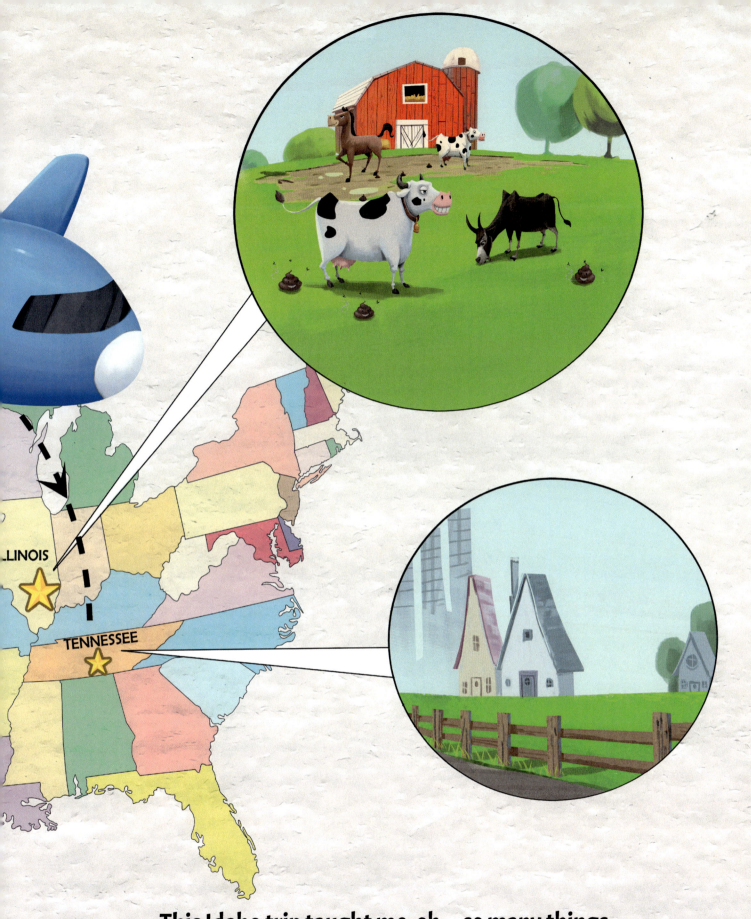

This Idaho trip taught me, oh... so many things,
I can't wait to come back and visit next spring.
Of course, I'll bring Willow – my lucky charm!
And, now I know heaps about... Poop On The Potato Farm!

26

A **POOP SPREADER** is a machine that distributes manure and compost over acres and acres of farmland. It is pulled by a tractor and shoots compost out the back to fertilize the field. The result is nutrient-rich land that is ready to grow healthy crops.

A **COMPOST TURNER** is a big machine that can rotate manure on a large scale. It can straddle compost rows up to 20 feet wide and 8 feet deep. For manure to become compost, it must be turned several times over six months to aerate properly. Good compost is used to fertilize the ground.

A **SEMI TRUCK** is a powerful truck that can pull a semi-trailer or flatbed. They are used to haul goods and materials all over the country. Some come with sleeping bunks for long trips. Semi trucks are also called: 18-wheelers, big rigs, and tractor-trailers.

A **SKID STEER** is a small, but strong, engine-powered machine with arms that can attach to a variety of tools. It is easy to turn and can operate in compact spaces. Depending on the attachments, skid steers can move pallets, dig holes, push material, load material, level dirt, cut down overgrown landscaping, and much more.

A **BUCKET TRACTOR** has a front-mounted, wide bucket connected to the end of two arms. It is used for digging, scooping, and loading materials. In this book, the bucket tractor loads compost into a semi-trailer, and again into the poop spreader.

A **ROW CROP TRACTOR** is used to pull all kinds of farm equipment, such as plows, poop spreaders, planters, bailers, sprayers, and more. A row crop tractor has adjustable wheel widths to allow the tractor to pass down rows of crops without crushing the plants.

POTATO CELLARS are buildings or structures used for storing potatoes and some farm equipment. The cellars help control temperature and humidity to keep the potatoes from freezing in the winter and overheating in the summer.

WHEEL LINES are used to water the crops. There are sprinkler lines mounted on wheels that spray water as they roll through the field. They are usually powered by a small gas engine located in the center of the line.

BOVINE is a term that refers to all cattle, oxen, yaks, antelopes, buffaloes, and bison.

Fun Fact:
Female cattle are called cows. The males are called bulls.

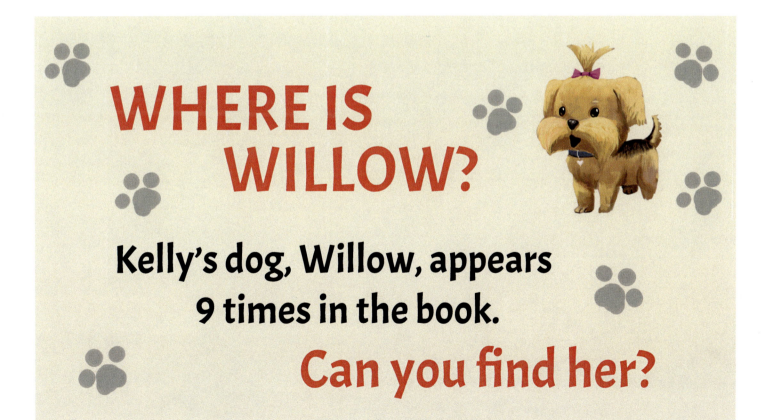

WHERE IS WILLOW?

Kelly's dog, Willow, appears 9 times in the book.

Can you find her?

Did you know there are farms in ALL 50 states?

Agriculture is the single largest employer in the world!

What crops grow in your state?

What state do you live in?

Did you know... one-third of the nation's potatoes come from Idaho?

America has over 2 million farms.

FUN FACT: Crayons are made from soybeans.

29

Made in the USA
Las Vegas, NV
29 August 2022

54311700R00021